BEI GRIN MACHT SICH IHR WISSEN BEZAHLT

- Wir veröffentlichen Ihre Hausarbeit, Bachelor- und Masterarbeit

- Ihr eigenes eBook und Buch - weltweit in allen wichtigen Shops

- Verdienen Sie an jedem Verkauf

Jetzt bei www.GRIN.com hochladen und kostenlos publizieren

Eric Schley

Geschichte der professionellen Gemeinwesenarbeit

GRIN Verlag

Bibliografische Information der Deutschen Nationalbibliothek:

Die Deutsche Bibliothek verzeichnet diese Publikation in der Deutschen National-
bibliografie; detaillierte bibliografische Daten sind im Internet über http://dnb.d-
nb.de/ abrufbar.

Dieses Werk sowie alle darin enthaltenen einzelnen Beiträge und Abbildungen
sind urheberrechtlich geschützt. Jede Verwertung, die nicht ausdrücklich vom
Urheberrechtsschutz zugelassen ist, bedarf der vorherigen Zustimmung des Verla-
ges. Das gilt insbesondere für Vervielfältigungen, Bearbeitungen, Übersetzungen,
Mikroverfilmungen, Auswertungen durch Datenbanken und für die Einspeicherung
und Verarbeitung in elektronische Systeme. Alle Rechte, auch die des auszugsweisen
Nachdrucks, der fotomechanischen Wiedergabe (einschließlich Mikrokopie) sowie
der Auswertung durch Datenbanken oder ähnliche Einrichtungen, vorbehalten.

Impressum:

Copyright © 2006 GRIN Verlag GmbH
Druck und Bindung: Books on Demand GmbH, Norderstedt Germany
ISBN: 978-3-640-11807-6

Dieses Buch bei GRIN:

http://www.grin.com/de/e-book/64524/geschichte-der-professionellen-gemeinwe-
senarbeit

GRIN - Your knowledge has value

Der GRIN Verlag publiziert seit 1998 wissenschaftliche Arbeiten von Studenten, Hochschullehrern und anderen Akademikern als eBook und gedrucktes Buch. Die Verlagswebsite www.grin.com ist die ideale Plattform zur Veröffentlichung von Hausarbeiten, Abschlussarbeiten, wissenschaftlichen Aufsätzen, Dissertationen und Fachbüchern.

Besuchen Sie uns im Internet:

http://www.grin.com/

http://www.facebook.com/grincom

http://www.twitter.com/grin_com

Evangelische Hochschule für Soziale Arbeit Dresden
(FH)

Referat

Geschichte der professionellen Gemeinwesenarbeit

vorgelegt von: Eric Schley

SoSe 2006

Seminar:

Gemeinwesenarbeit

Abgabedatum:

8. Januar 2007

Inhaltsverzeichnis

1 Settlementbewegung

1.1 „Toynbee Hall" und „Hull House"

Die Gemeinwesenarbeit hat die bundesrepublikanische Sozialarbeit der letzten Jahrzehnte geprägt. Von den Konzepten des bürgerschaftlichen Engagements, des Empowerments, der lokalen Agenda 21 bis zu Sozialraumbudgets, insbesondere für Hilfen zur Erziehung, nach § 27 SGB VIII in der Kinder- und Jugendhilfe, sind die GWA-Ansätze zu finden. Jedoch hat die Gemeinwesenarbeit keine wirkliche Tradition in Deutschland. Die zwei bedeutsamsten Projekte waren nach der Jahrhundertwende des letzten Jahrhunderts die Hamburger Volksheime und die SAG Ost in Berlin. Diese Projekte blieben jedoch einzigartig und hatten kaum Einfluss auf den später einsetzenden Theoriediskurs in Deutschland. Die geistigen Väter und Mütter der deutschen Projekte wirkten in Großbritannien, den USA und Kanada. Hier entwickelten sich bereits in den 70er Jahre des 19. Jahrhunderts Projekte die unter Settlementbewegung zusammengefasst werden.

In Großbritannien setzte die Industrialisierung zu Beginn der zweiten Hälfte des 19. Jahrhunderts zu erst ein. Die dadurch entstandenen sozialen Probleme für die proletarische Unterschicht, welche als „Soziale Frage" bezeichnet wird, lies auch einige Vertreter der Mittel- und Oberschicht nicht unberührt. Diese Verelendung des Proletariats und die Spaltung der Industriegesellschaft beschäftigte Wissenschaftler wie *John F.D. Maurice* und *Arnold Toynbee*. Sie vertraten jedoch kein klassenkämpferisches Konzept wie es *Karl Marx* und *Friedrich Engels* entwickelten, sondern appellierten an die christliche Nächstenliebe und den Verzicht auf das freie Spiel der marktwirtschaftlichen Kräfte, welche für das Elend mitverantwortlich waren. Insbesondere die Ignoranz und Tatenlosigkeit der Oberschicht, im Bezug auf diese gesellschaftliche Misere, lies sie zum Handeln übergehen. Zu Beginn taten die jungen Professoren dass was sie am Besten konnten. Sie veranstalteten öffentliche Vorlesungen in den Armenvierteln und wollten das bis dahin gehütete Wissen der Oberschicht an die Unterprivilegierten weitergeben, in der Hoffnung dies könnte zu einer Emanzipation des Proletariats führen.

Die Professoren und ihre Studenten waren davon überzeugt, dass nur eine Versöhnung der Klassen eine Verbesserung der Situation für die Armen bringen kann. *Arnold Toynbee* ging einen Schritt weiter und verbrachte seine Ferien im Londoner Armenviertel *Whitechapel*. Die Idee sich als Vertreter der Mittelschicht in einem Armenviertel niederzulassen (= to settle) wurde erst nach *Arnold Toynbees* frühen Tod in die Praxis umgesetzt. Ziel dieser Settlements war es zum einen als Vertreter der Mittelschicht die Lebensbedingungen kennen zu lernen und zum anderen vor Ort, im Sozialraum, in der Lebenswelt der KlientInnen zu arbeiten und zu helfen. Man ging davon aus, dass wenn die Mittelschicht von den Lebensbedingungen der ArbeiterInnen unmittelbar Kenntnis erlangt und es zu Freundschaften und Sympathien kommt, dies zu einer Bewusstseinsveränderung der Mittelschicht führt und die Basis für zukünftige gesellschaftspolitische Verbesserungen für die ArbeiterInnen darstellt. *Samuel Barnett* und seine Frau *Henrietta Barnett* gründeten 1884 „*Toynbee Hall*" als erstes Settlement im Osten von London. Die Hilfe, die man den ArbeiterInnen hier bot, sollte ihnen „Wege zur Selbsthilfe weisen und Verständnis zwischen Besitzenden und Besitzlosen wecken" (*Oleschlägel* 2001a, 655). So wurden Angebote der Kinder- und Jugendarbeit, Erwachsenenbildung und Beratung angestoßen. Neben der Praxis wurde aber auch Forschung betrieben um die Problemlagen ursächlich zu behandeln. Der Großteil der Arbeit wurde von Studenten übernommen, die als zukünftige Verantwortungsträger und Bindeglieder in die Kreise der Mittel- und Oberschicht für die Belange der ArbeiterInnen gewonnen wurden. In wenigen Jahrzehnten wuchs die Settlementbewegung heran und feierte in den USA und Kanada weitere Erfolge. Einer dieser Erfolge entwickelte sich in Chicago. Im Jahr 1889 gründete die „grande dame" der US-amerikanischen Sozialarbeit und Begründerin der professionellen Sozialarbeit, *Jane Addams*, zusammen mit weiteren Frauen das „*Hull House*", nach dem Vorbild „*Toynbee Hall*". Auch im industrialisierten Nordamerika verschärften sich die Klassengegensätze. Im Unterschied zu Großbritannien gab es jedoch kein staatliches Sozialsystem, welches zumindest das Leid ein wenig lindern konnte, sondern nur rein privat finanzierte Initiativen, welche häufig bürgerliche Wertvorstellungen als Bedingungen für die Hilfe stellten.

Ein weiters sozialpolitisches Problem stellten die zahlreichen MigrantInnen aus Europa dar. Hierbei handelte es sich um gut ausgebildete ArbeiterInnen die in den Elendsquartieren Chicagos auf ein besseres Leben hofften. *„Hull House"* setzte nicht auf eine Assimilation der MigrantInnen, sondern wollte die kulturelle Vielfalt und Identität der MigrantInnen in der Arbeit des *„Hull House"* bewahren und so Integration fördern. Ziel der unterschiedlichen sozial-, kulturell- und bildungspolitischen Angebote des *„Hull Houses"* war es die Handlungsfähigkeit der BewohnerInnen zu stärken und die Lebensbedingungen in der Nachbarschaft zu verbessern. *Jane Addams* engagierte sich auch sozialpolitisch in der *„Frauengewerkschaft"* gegen Kinderarbeit und für den 8-Stundentag. Hier liegt auch der große Verdienst der Frauen von *„Hull House"*. Die Verbindung von Lebens- und Arbeitsbedingungen und der politische Kampf für deren Verbesserung.

1.2 Settlement-Projekte in Deutschland

1.2.1. Hamburger Volksheime

Wie *Jane Addams* reiste der Hamburger *Walther Classen* nach London und besuchte *„Toynbee Hall"*. Begeistert zurückgekehrt, wollte er in Hamburg ein ähnliches Projekt aufbauen. Von 1901 bis 1920 existierte das erste Settlement in Deutschland. Das *„Hamburger Volksheim I"* war jedoch kein ordinäres Settlement wie *„Toynbee Hall"* oder *„Hull House"*, da die bürgerlichen Initiatoren sich nicht im Armenviertel niederließen. Im Zentrum der Arbeit stand das Ziel der Klassenversöhnung, jedoch eher als eine Assimilation der ArbeiterInnen durch bürgerliche Wert- und Moralvorstellungen. Die Arbeit mit Jugendlichen war für die Männer des Volkshauses von hoher Bedeutung. Aber auch hier war die Vorstellung von unfertigen und gefährlichen Jugendlichen handlungsleitend. Man wollte die Arbeiterjugendlichen durch Vermittlung bürgerliche Moralvorstellungen schützen und als Menschen vollenden. Das Volksheim wurde durch das Bürgertum konzeptionell geleitet. Mitbestimmung durch die Benachteiligten war nicht erwünscht. Dies änderte sich erst nach Beendigung des ersten Weltkrieges. Diese zweite Phase, welche von 1920 bis 1929 dauerte, wurde geprägt durch die neu entstandene und selbstbewusste Jugendbewegung.

Die Forderung nach Demokratisierung und Ablehnung jeglicher Autoritäten führten zu einer Veränderung der konzeptionellen Ausrichtung der Arbeit. Nicht mehr die älteren Herren aus dem Bürgertum bestimmten das Volksheim, sondern die Arbeiterjugendlichen. Das Volksheim wollte nun im Arbeiterviertel gemeinschaftsbildend wirken und nicht den Klassenkampf verhindern. Ab 1929 wird die dritte und erst mal letzte Phase des Volksheims eingeläutet. Es kommt, durch das Engagement sozialistischer Arbeiterjugendvereine, zu einer Politisierung der Arbeit. Nicht mehr nur Gemeinschaftsbildung im Arbeiterviertel und soziale Emanzipation, sondern auch politische Aktivierung der Benachteiligten wurde Ziel der Arbeit. Das Volksheim sollte ein Ort für eine *„Kultur des Sozialismus"* werden. Sozialismus im Sinne einer emanzipatorischen Gesellschaftsform und weniger als machtpolitischer Kampfbegriff. Das Volksheim musste mit der Machtergreifung der Nationalsozialisten die Arbeit einstellen. Nach dem Krieg wurde die Arbeit als Nachbarschaftsheim, im Sinne der sozial-kulturellen Arbeit, bis in die 80er Jahre weitergeführt.

1.2.2. Soziale Arbeitsgemeinschaft Ost (Berlin)

Das zweite bedeutsame Settlement in Deutschland war die *„SAG-Ost"*. Der Pfarrer *Friedrich Siegmund-Schultze* übernahm das Konzept von *„Toynbee Hall"* im ursprünglichen Sinne. Er ließ sich mit seiner Familie in der Nähe des heutigen Berliner Ostbahnhofes nieder und zog Studenten der Berliner Universität in dieses Settlement. Er wollte sozial Arbeiten und wandte sich gegen die damals übliche Hilfe durch Almosen in Verbindung mit christlicher Missionierung. Die *„SAG-Ost"* wollte die Selbsthilfe fördern und praktisch Helfen. Auch war es das Ziel von *Siegmund-Schultze* den ArbeiterInnen ein anderes Bild vom Christentum zu vermitteln. Für die damalige organisierte ArbeiterInnenbewegung war die Kirche eng verwoben mit dem Bürgertum und der Monarchie und versinnbildlichte die herrschende Elite.

Zentrales Ziel des Projektes war es, wie in *„Toynbee Hall"*, die Klassenversöhnung umzusetzen. *Sigmund-Schultze* definierte sie als *„Freundschaft der sogenannten Hohen mit den Niedrigen" (Holubec 2005)*.

Die „*SAG-Ost*" konnte von 1911 bis 1940 arbeiten, bis sie durch die Nationalsozialisten verboten wurde. Sozialpolitisch engagierte sich *Sigmund-Schultze* bei der Erarbeitung und dem Zustandekommen des Reichsjugendwohlfahrtsgesetzes (RJWG), welches einer der Vorgänger des KJHG war.

2 Neubeginn und Gemeinwesenarbeit als Dritte Methode

Nach Beendigung des Zweiten Weltkrieges ging man in West-Deutschland zur Tagesordnung über und genoss die Früchte des Wirtschaftswunders. Die Soziale Arbeit hatte in den 50er und 60er Jahren einen rein fürsorglichen Charakter. „In der Praxis dominierte damals ein auf Personen zugeschnittener Arbeitsstil: die FürsorgerInnen verstanden sich als caritativ helfende Menschen, die mit großem Herz, viel Engagement [...] den Armen und Schwachen zur Seite standen" (*Hinte* 2001a, 74). An den Ausbildungsstätten Sozialer Arbeit wurden die aus den USA importierten Konzepte der Gemeinwesenarbeit begeistert aufgenommen. In der Praxis kommt es in den 60er Jahren zu einer Professionalisierung, aufgrund der Einführung methodischen Arbeitens. Die Zuständigkeiten der FürsorgerInnen wurden mit dem Interesse einer Effektivierung spezialisiert. Die Probleme wurden in Fälle mit festumrissenen Hilfeleistungen zergliedert. „So kommt es vor, dass [...] an einem Menschen gleich ein ganzes Heer von Professionellen herumwerkelt" (*Hinte* 2001a, 75). Ein generelles Problem der Sozialen Arbeit war und ist, dass sie erst reagiert wenn Menschen auffällig geworden sind und dann mit einem für den Sozialarbeiter „richtigen" Menschenbild konfrontiert werden. Die Vorstellung der SozialarbeiterIn von einem „richtigen" Leben werden Gegenstand der Hilfe und verleiten zu einer Pädagogisierung. Der Helfende will den Hilfesuchenden, im schlimmsten Fall, nach seinem Bild formen. Diese Subjekt-Objekt-Beziehung lässt oft einen anderen Lebensentwurf nicht zu.

Durch die Stagnation des wirtschaftlichen Aufschwungs Mitte der 60er Jahre kam es zu einem sozialen Abstieg von Bevölkerungsgruppen. Die ersten Wirtschaftskrisen der noch jungen Bundesrepublik leiteten auch eine Finanzkrise der Öffentlichen Hand ein und damit Sparmaßnahmen für dringend benötigte soziale Programme. Es häuften sich soziale Brennpunkte in Obdachlosenquartieren und Neubauvierteln, die mit den bekannten Methoden der Einzelfall- und Gruppenarbeit nicht in den Griff zu bekommen waren. Die Gemeinwesenarbeit wurde als neues Instrument eingesetzt und hatte als Leitziel die benachteiligten Quartiere zu lebendigen Gemeinwesen zu entwickeln, indem sie die Bewohner aktiviert und unterstützt und die materielle und infrastrukturelle Ausstattung der Quartiere fördert.

Methodisch war die Gemeinwesenarbeit eher pragmatisch orientiert und setzte die aktivierende Befragung des Öfteren ein. Für den Staat war die GWA ein nützliches Frühwarnsystem was soziale Veränderungen in Brennpunkten betrifft. Mit der 68er Studentenbewegung und der Politisierung der Wissenschaft wurde auch die Gemeinwesenarbeit vorangetrieben.

> „Die war die Zeit der großen Projekte, die unter Mitarbeit von Studenten entstanden, oft von ihnen initiiert wurden[...]. Das Instrumentarium der GWA wurde durch Elemente der Sozialwissenschaften (Handlungsforschung) und der studentischen Politik (go in; Stadtteilzeitungen etc.) erweitert. Probleme wurden in gesamtgesellschaftliche Verursachungszusammenhänge gestellt" (*Oelschlägel* 2001a, 657).

Bis in die Mitte der 70er Jahre war die Gemeinwesenarbeit sehr vielschichtig. Es gab unterschiedliche Ansätze die unter anderen von den amerikanischen Wissenschaftlern *Alinsky* und *Ross* geprägt wurden. Die Ansätze unterschieden sich zum einen in der Rolle der SozialarbeiterIn zum anderen im Verhältnis zum Staat beziehungsweise zum gesellschaftlichen System. Der reformpädagogische Ansatz und der katalytisch-aktivierende Ansatz setzten sich in der Praxis durch. Die Gemeinwesenarbeit wurde als dritte Methode Bestandteil der Ausbildung von SozialarbeiterInnen.

3   GWA – Mehr als die Dritten Methode

Anfang der 80er Jahre nimmt *Dieter Oelschlägel* die Diskussion um Gemeinwesenarbeit auf und fragt inwieweit es noch zutreffend ist, von Gemeinwesenarbeit als Dritte Methode zu sprechen. Für *Oelschlägel* hat sich die Gemeinwesenarbeit weiter entwickelt und stellt keinen geschlossen Block als Methode bzw. als Arbeitsfeld mehr dar. Gemeinwesenarbeit hat zu Beginn der 80er Jahre, so *Oelschlägel*, als Arbeitsfeld an Bedeutung verloren. In der Sozialen Arbeit hat sich jedoch das Prinzip der Gemeinwesenarbeit mit seinen Elementen (Ressourcenorientierung, Sozialraumorientierung, Aktivierung und Beteiligung, Vernetzung) weit verbreitet und neue Entwicklungen bewirkt.

Dieter Oelschlägel unterscheidet nun den Begriff Gemeinwesenarbeit in das Arbeitsfeld Gemeinwesenarbeit, wofür Institutionen eingerichtet werden und Personal eingestellt wird, und das Arbeitsprinzip Gemeinwesenarbeit als grundsätzliche Herangehensweise an soziale Probleme, nach den Standards der Gemeinwesenarbeit.

Im Folgenden möchte ich kurz darstellen welche Faktoren zu dieser Entwicklung bei *Oelschlägel* führten und welche Standards die Gemeinwesenarbeit auszeichnen.

Anfang der 80er Jahre sind viele Projekte der Gemeinwesenarbeit verschwunden. Die Praxis der Gemeinwesenarbeit, die durch die studentischen Projekte vorangetrieben wurde, erfuhr durch ihre systemkritische Ausrichtung wenig Unterstützung durch öffentliche Institutionen oder wurde zum Teil von ihr abgewickelt. Gemeinwesenarbeit war für die etablierte Soziale Arbeit immer mit einem „linken" Lack überzogen und so stigmatisiert. Die Inhalte der GWA wurden jedoch von der Sozialen Arbeit übernommen.

Die Gemeinwesenarbeit, als Arbeitsfeld und Arbeitsprinzip, versteht sich als sozialräumliche Strategie einer professionellen Sozialen Arbeit. Sie ist nicht pädagogisch auf einzelne Individuen gerichtet, sondern arbeitet mit den Ressourcen des Sozialraums und denen seiner BewohnerInnen.

Die Veränderung der Lebensbedingungen ist eine Konsequenz aus der Arbeit im Sozialraum „wo die Menschen samt ihrer Probleme aufzufinden sind" (*Oelschlägel* 2001b, 101). Gemeinwesenarbeit orientiert sich an den Lebenswelten der BewohnerInnen und greift Probleme auf, die von den Menschen selbst für wichtig gehalten werden und nicht nur die Probleme, die von außen als solche definiert werden.

Das Arbeitsprinzip Gemeinwesenarbeit findet sich heute in unterschiedlichen Feldern Sozialer Arbeit wieder. *Dieter Oelschlägel* hat Standards formuliert, die für die Gemeinwesenarbeit gelten sollten. Für eine erfolgreiche Arbeit ist der Nutzen, der für die Bewohner besteht, ausschlaggebend. So bietet die Gemeinwesenarbeit Dienstleistungen für die BewohnerInnen an. Diese können materieller Art sein, wie günstige Mahlzeiten, Kinderkleidungs-Basare, Verleihung von Technik oder aber die Bereitstellung von offenen Räumen, die eine Aneignung durch die BewohnerInnen ermöglichen. Die ersten Settlements boten auch personelle Ressourcen an, in Form von Beratung, Kinderbetreuung aber auch Qualifikationen. Diese sind auch heute wichtiger Bestandteil von Gemeinwesenarbeit. Neben den Ressourcen die die GWA organisieren kann ist es von Bedeutung die Ressourcen der Bewohner zu reaktivieren. Der Blick muss weg gehen vom defizitären Sozialraum mit seinen BewohnerInnen und hin zu den Möglichkeiten und Fähigkeiten die in den Menschen schlummern. So sieht *Oelschlägel* die Aktivierung im Zentrum der GWA. Auf einer Exkursion des Studienprojekts Jugendarbeit nach Berlin hatten wir die Möglichkeit *Prof. Wolfgang Hinte* persönlich zu erleben. Er nannte ein für mich einprägsames Beispiel von Ressourcenaktivierung der BewohnerInnen. So könnte doch eine allein erziehende Mutter von ihrer arbeitslosen Nachbarin unterstütz werden, indem die Nachbarin ihre Ressourcen aktiviert und der Nachbarstochter bei den Hausaufgaben hilft. Oder die Nachbarin unterstützt eine überforderte Nachbarsfamilie im Haushalt, anstatt das eine teure Familienhilfe aus dem KJHG finanziert wird. Wenn dann noch eine Aufwandsentschädigung für die engagierte Nachbarin, aus öffentlichen Mitteln möglich ist, wäre allen Beteiligten geholfen.

Der Sozialraum wird von vielen unterschiedlichen Individuen gestaltet. Die GWA organisiert Aktivitäten um ein Thema herum oder wegen eines Bedarfs. Diese Aktivität kann sich an spezielle Zielgruppen richten (z.B. MigrantInnen), sollte jedoch nie den Sozialraumbezug verlieren. Somit arbeitet die GWA grundsätzlich zielgruppenübergreifend. Der Aufbau von Netzwerken, aus informellen und formellen Gruppierungen die zu bestimmten Anlässen mobilisierbar sind, ist wichtig für die Zukunft des Gemeinwesens, wenn die SozialarbeiterInnen nicht mehr da sind. Denn der Auftrag der GWA ist es darauf hin zu arbeiten nicht mehr gebraucht zu werden. Ziel der GWA ist es die Lebensverhältnisse zu verbessern. Dazu gehört auch Kulturarbeit im Sozialraum zu fördern. Sozialräume in denen gewohnt, gelebt aber auch gearbeitet wird sind funktionierende Gemeinwesen. So ist auch Aufgabe der GWA Arbeitsplätze in den Sozialraum zu bringen und eine lokale Ökonomie aufzubauen. Dieser Strang wird heute als Gemeinwesenökonomie verstanden, wurde aber in der Tradition der GWA lange vernachlässigt. Bewohner die aus dem Arbeitsleben herausfallen stehen einem wachsenden Bedarf an zu leistenden Aufgaben im Sozialraum gegenüber. „Die Gemeinwesenökonomie führt diese beiden Stränge zusammen, sie verknüpft den örtlichen Bedarf mit den Ressourcen des Gemeinwesens" (*Oelschlägel* 2001b, 108). Ein wichtiger Standard der GWA ist die Kontinuität der Arbeit. GWA versteht sich nicht als ein kurzfristiges Projekt, sondern ist langfristig angelegt um die gewünschten Erfolge zu erzielen. So sieht *Dieter Oelschlägel* die Diskussion um bürgerschaftliches Engagement und den gleichzeitigen Rückzug des Staates aus seiner Verantwortung für die Benachteiligten sehr kritisch:

> „Bürgerschaftliches Engagement lässt sich nicht durch Pathos herbeireden und auch nicht herbeiwünschen, es ist das Ergebnis des gemeinsamen Bemühens von Politik, Verwaltung, Wirtschaft und Bürgerinnen und Bürgern in der Stadt" (*Oelschlägel* 2001c, 182).

Zusammenfassend möchte ich das Arbeitsprinzip Gemeinwesenarbeit wie folgt wiedergeben. GWA ist politisch, da es gesellschaftliche Verhältnisse verändern möchte und Lebensbedingungen verbessern will. GWA ist pädagogisch, da gesellschaftliche Veränderungen an Bewusstsein und Lernprozesse des einzelnen Menschen gebunden sind. Und GWA ist therapeutisch, da es um das Aufbrechen von krankhaften und krankmachenden Strukturen geht.

4 Stadtteilbezogene Soziale Arbeit

Zu dem Zeitpunkt als *Dieter Oelschlägel, Jaak Boulet* und *Ernst-Jürger Krauss* die GWA neu verorteten und sich von der Dritten Methode verabschiedeten, entwickelte *Wolfgang Hinte* einen neuen Ansatz der GWA. *Hinte* benannte diesen Ansatz *Stadtteilbezogene Soziale Arbeit (SSA)* um ideologische Vorbehalte der GWA gegenüber auszuschließen. Durch diese neue Bezeichnung wollte er einen Neuanfang in der GWA wagen und Altlasten zurück lassen, jedoch „unter ausdrücklichem Rückgriff auf die Tradition aktivierender GWA" (*Grimm/Hinte/Litges* 2004, 23). Die *Stadtteilbezogene Soziale Arbeit* versucht konsequenter die Interessen der BewohnerInnen zu beachten. Das heißt: „wir überlegen also nicht, was unserer Meinung nach gut ist für die Leute, sondern erkundigen uns – ohne […] manipulative Herangehensweisen – bei den Menschen danach, wo ihre Interessen und Bedürfnisse liegen" (*Hinte* 2001a, 77). Die *SSA* betont ihre Tradition aus der Antipädagogik, wonach jegliche erziehenden oder formenden Methoden abgelehnt werden, da man von einer Vollkommenheit des Menschen ausgeht. Es geht um das Suchen von Motivationen und Bedürfnissen bei den BewohnerInnen und Unterstützung von Aktionen der BewohnerInnen, denn sie wissen am besten von ihren Problemfeldern. Der Sozialarbeiter nimmt sich selber soweit wie nur möglich zurück und nutzt erst einmal die Ressourcen des Sozialraums und die Selbsthilfekräfte der Betroffenen. SozialarbeiterInnen sind intermediäre Instanzen. Sie vermitteln und moderieren zwischen den Bewohnern des Sozialraums und Institutionen und Behörden. Dieser Machtverzicht und die Kooperation mit den Behörden hat *Hinte* als „Tanz mit den Wölfen" charakterisiert und stellt in der GWA eine neue Herangehensweise dar. Die Verwaltung ist nicht mehr prinzipiell Gegner, sondern Partner für eine Verbesserung des sozialen und kulturellen Lebens sowie der baulichen und ökonomischen Strukturen.

> „Intermediäre Instanzen streben nicht nach Macht. Sie leben von ihrer Einflusskraft, die sich schlichtweg aus guten Argumenten, kommunikativ vermittelter Fachlichkeit und engagiertem Auftreten sowie Glaubwürdigkeit speist" (*Hinte* 2001c, 157).

Um die Arbeit erfolgreich zu gestalten, nennt *Hinte* das Dialogmanagement als entscheidende Fähigkeit der Professionellen. Die Professionellen müssen sich in unterschiedlichen Welten bewegen und agieren. Vormittags präsentieren sie ihre Arbeit den VertreterInnen der Stadtratsfraktionen und am Abend findet eine

Bürgerversammlung „auf dem Hinterhof mit Kommentaren von oben vom Balkon" (*Hinte* 2001c, 155) statt. Dieses Agieren in unterschiedlichen Welten oder Szenen erfordert von den Professionellen eigene Integrationsleistungen. Sie dürfen in keiner der Szenen fremd oder deplaziert wirken. Jede Szene hat ihre eigenen Spielregeln und die müssen die Professionellen beherrschen, aber auch auseinander halten (vgl. *Hinte* 2001c, 156). Die zentrale Kompetenz der Intermediären liegt in der Kontaktfähigkeit in den jeweiligen Szenen.

SSA ist keine Methode. „Mit Methoden sollen Menschen verändert werden, Stadtteilbezogene Soziale Arbeit will soziale Räume verändern [...] unter aktiver Beteiligung der betroffenen Menschen" (*Hinte* 2001b, 87). Die *SSA* zieht sich nicht hinter den Sozialen Sektor zurück, sondern versucht sich aus der Rolle des Reparaturbetriebes zu emanzipieren und in Bereiche der Stadtentwicklung hineinzuwirken. Der *SSA* geht es, im Sinne der GWA, um die Entwicklung von niederschwelligen Partizipationsmöglichkeiten für benachteiligte BewohnerInnen im Rahmen von Stadt(teil)entwicklung. *SSA* ist mehrjährig angelegt und will die „'Grundmobilisierung' eines Wohnquartiers" (*Grimm/Hinte/Litges* 2004, 26), durch eine Vielzahl an kleinen, themenunspezifischen Aktionen bewirken. Unter der Sozialraumorientierung wird das Anliegen der *SSA* verstanden die Arbeit der Verwaltung sozialräumlich zu reformieren. Hier hat *Wolfgang Hinte* und das Essener ISSAB unter der Formel „Vom Fall zum Feld" besonders den Sozial- und Jugendämtern unter die Arme gegriffen und einen sozialräumlichen Bezug eingeführt. Durch Dezentralisierung und ressortübergreifendes Arbeiten der Sozialen Dienste, soll das Agieren in den Sozialraum hinein verbessert werden (vgl. *Hinte* 2000, 53 ff).

Die Gemeinwesenarbeit wurde in der bundesrepublikanischen Entwicklung der Sozialen Arbeit zunehmend anerkannt. Wo in den 70er Jahren die bürgerlich geprägte Soziale Arbeit durch Begriffe der GWA wie „Widerstand, Betroffenenbeteiligung, Veränderung von Verhältnissen, Organisation von Gegenmacht" (*Grimm/Hinte/Litges* 2004, 22f.) ablehnend reagierten, sind Sozialraumorientierung und bürgerschaftliches Engagement heute „en Vogue".

14

5 Literaturverzeichnis

GRIMM, GABY/HINTE, WOLFGANG/LITGES, GERHARD (2004): Quartiermanagement. Eine kommunale Strategie für benachteiligte Wohngebiete. 1. Auflage, Berlin: Edition Sigma

HINTE, WOLFGANG (2000): Innovation durch Reformschritte im Jugend- und Sozialamt. In: Wolfgang Hinte (Hg.), Gerd Litges, Werner Springer: Soziale Dienste: Vom Fall zum Feld. Soziale Räume statt Verwaltungsbezirke. 2. Auflage, Berlin: Edition Sigma 53-85

HINTE, WOLFGANG (2001a): Stadtteilbezogene Soziale Arbeit und soziale Dienste – Lebensweltbezug statt Pädagogisierung. In: Wolfgang Hinte, Maria Lüttringhaus, Dieter Oelschlägel (Hg.): Grundlagen und Standards der Gemeinwesenarbeit. Reader. 1. Auflage, Münster: Votum Verlag 74-81

HINTE, WOLFGANG (2001b): Von der Stadtteilarbeit zum Stadtteilmanagement – Sozialraumorientierung als methodisches Prinzip sozialer Arbeit. In: Wolfgang Hinte, Maria Lüttringhaus, Dieter Oelschlägel (Hg.): Grundlagen und Standards der Gemeinwesenarbeit. Reader. 1. Auflage, Münster: Votum Verlag 83-89

HINTE, WOLFGANG (2001c): Sollen Sozialarbeiter hexen? – Stadtteilbezogene Soziale Arbeit als intermediäre Instanz zwischen Bürokratie und Bewohneralltag. In: Wolfgang Hinte, Maria Lüttringhaus, Dieter Oelschlägel (Hg.): Grundlagen und Standards der Gemeinwesenarbeit. Reader. 1. Auflage, Münster: Votum Verlag 154-164

HOLUBEC, B./MARKEWITZ, S./GÖTZE, R. (2005): Die Entwicklung der Gemeinwesenarbeit in Deutschland – Ihre Einflüsse und Ursprünge. In:

http://www.stadtteilarbeit.de/seiten/lernprogramm/gwa/index.htm   Stand: 03.06.06

OELSCHLÄGEL, DIETER (2001a): Gemeinwesenarbeit. In: Hans-Uwe Otto, Hans Thiersch (Hg.): Handbuch Sozialarbeit/Sozialpädagogik. 2. völlig überarbeitete Auflage, Neuwied und Kriftel: Luchterhand Verlag 653-659

OELSCHLÄGEL, DIETER (2001b): Aktuelle Entwicklungen in der Gemeinwesenarbeit mit besonderer Berücksichtigung der neuen Bundesländer. In: Wolfgang Hinte, Maria Lüttringhaus, Dieter Oelschlägel (Hg.): Grundlagen und Standards der Gemeinwesenarbeit. Reader. 1. Auflage, Münster: Votum Verlag 83-89

OELSCHLÄGEL, DIETER (2001c): Zur Aktivierung bürgerschaftlichen Engagements im Rahmen von Kommunalpolitik und Kommunalverwaltung. In: Wolfgang Hinte, Maria Lüttringhaus, Dieter Oelschlägel (Hg.): Grundlagen und Standards der Gemeinwesenarbeit. Reader. 1. Auflage, Münster: Votum Verlag 181-195